唤醒6~12岁孩子的聪

根据"ICME国际数学教育理念"编写，给孩子一个

越玩越聪明的

180个空间

思维游戏

刘荔 ◎ 编著

中华工商联合出版社

图书在版编目（CIP）数据

越玩越聪明的180个空间思维游戏 / 刘荔编著. ——
北京：中华工商联合出版社，2019.10
ISBN 978-7-5158-2571-7

Ⅰ. ①越… Ⅱ. ①刘… Ⅲ. ①智力游戏 Ⅳ.
①G898.2

中国版本图书馆CIP数据核字（2019）第196011号

越玩越聪明的180个空间思维游戏

作　　者：刘　荔
选题策划：关山美
责任编辑：关山美
封面设计：北京聚佰艺文化传播有限公司
责任审读：于建廷
责任印制：迈致红
出版发行：中华工商联合出版社有限责任公司
印　　制：唐山富达印务有限公司
版　　次：2020年1月第1版
印　　次：2022年2月第2次印刷
开　　本：880mm×1230mm 1/32
字　　数：160千字
印　　张：6.25
书　　号：ISBN 978-7-5158-2571-7
定　　价：30.00元

服务热线：010—58301130
销售热线：010—58301130
地址邮编：北京市西城区西环广场 A 座
　　　　　19—20 层，100044
http: //www.chgslcbs.cn
E-mail: cicap1202@sina.com（营销中心）
E-mail: gslzbs@sina.com（总编室）

凡本社图书出现印装质量
问题，请与印务部联系
联系电话:010-58302915

目录 CONTENTS >>>

第 1 关　图形接龙 ·····································001

第 2 关　选出下一个图形 ··························001

第 3 关　巧分挂表 ·····································002

第 4 关　找规律, 选图形 ··························002

第 5 关　图形接龙 ·····································003

第 6 关　找不同 ·······································003

第 7 关　选图形 ·······································004

第 8 关　符号序列 ·····································004

第 9 关　图形分类 ·····································005

第 10 关　适合的图形 ·······························005

第 11 关　找规律, 选择合适的图案 ···············006

第 12 关　平面拼合 ··································006

第 13 关　不相称的图 ·······························007

第 14 关　找不对称图形 ····························007

第 15 关　图形填空 ··································008

第 16 关　奇异金字塔 ·······························009

第 17 关　金字塔之巅 010

第 18 关　金字塔的推理 010

第 19 关　图形延续 011

第 20 关　方格涂色 011

第 21 关　涂色游戏 012

第 22 关　巧选图形 012

第 23 关　选出合适的图形 013

第 24 关　点线组合 013

第 25 关　正方形的规律 014

第 26 关　巧分三星 014

第 27 关　等分图形 015

第 28 关　心中有数 015

第 29 关　复杂的图形 016

第 30 关　两个正方形 016

第 31 关　对应的图 017

第 32 关　巧切蛋糕 018

第 33 关　填图形 018

第 34 关　巧摆圆形 019

第 35 关　分蛋糕 019

第 36 关　吃豆子 ···020

第 37 关　巧填数字 ···020

第 38 关　魔术方阵 ···021

第 39 关　圆形的直径 ···021

第 40 关　谁先到达 ···022

第 41 关　分房子 ···022

第 42 关　填入数字 ···023

第 43 关　画掉字母 O ···023

第 44 关　巧分"工"字 ··024

第 45 关　分土地 ···024

第 46 关　变三角形 ···025

第 47 关　该涂哪四个 ···025

第 48 关　放棋子 ···026

第 49 关　拼一拼 ···026

第 50 关　锯立方体 ···027

第 51 关　48 变 50 ···027

第 52 关　寻宝 ···028

第 53 关　裁缝 ···029

第 54 关　最好的类比 ···029

第 55 关 按规律填图 030

第 56 关 按规律填图 030

第 57 关 哪个不一样 031

第 58 关 找规律 031

第 59 关 下一个图形 032

第 60 关 找图形 032

第 61 关 下一个图形 033

第 62 关 图形接龙 033

第 63 关 填入符号 034

第 64 关 与众不同的一个 034

第 65 关 图形接龙 035

第 66 关 找出同类图形 035

第 67 关 选出下一个图形 036

第 68 关 填补空白 036

第 69 关 黑白格 037

第 70 关 黑白格 037

第 71 关 数三角形 038

第 72 关 相反的一面 038

第 73 关 三色连线 039

第 74 关　看图片找规律 ………………………………039

第 75 关　图形变化 …………………………………………040

第 76 关　右下角是什么图 …………………………………040

第 77 关　图形匹配 …………………………………………041

第 78 关　图形规律 …………………………………………041

第 79 关　最大面积 …………………………………………042

第 80 关　穿过花心的圆 ……………………………………042

第 81 关　字母窗口 …………………………………………043

第 82 关　数字和字母 ………………………………………043

第 83 关　字母填空 …………………………………………044

第 84 关　找规律填字母 ……………………………………044

第 85 关　字母向心力 ………………………………………045

第 86 关　按规则填字母 ……………………………………045

第 87 关　"Z"的颜色 ………………………………………046

第 88 关　破解字母密码 ……………………………………046

第 89 关　字母等式 …………………………………………047

第 90 关　字母填空 …………………………………………047

第 91 关　多余的字母 ………………………………………048

第 92 关　哪一个是特殊的 …………………………………048

第93关 字母的规律 049

第94关 缺少的字母 049

第95关 字母通道 050

第96关 找规律填字母 050

第97关 看图片找规律 051

第98关 找规律 051

第99关 分割正方形 052

第100关 妙用量具 052

第101关 胶滚滚涂图案 053

第102关 三视图 053

第103关 三视图 054

第104关 包装盒 054

第105关 数立方体 055

第106关 数立方体 055

第107关 魔法变数 056

第108关 七巧板 056

第109关 找出对应纸盒 057

第110关 钥匙和房间 057

第111关 木棍构图 058

第112关　改错 058

第113关　不同形状的立方体 059

第114关　切正方形 060

第115关　不同的图形 060

第116关　不同的正方形组合 061

第117关　硬币 061

第118关　单摆 062

第119关　最小距离 062

第120关　停车 063

第121关　大脑网络 064

第122关　魔术方阵 065

第123关　奇妙的方阵 065

第124关　猜字游戏 066

第125关　精明的将军 066

第126关　翻杯子 067

第127关　变化的火柴 068

第128关　镜子的转动 068

第129关　兔子的胡萝卜 069

第130关　巧拼桌子 070

第 131 关　对角线的长度 ·······················071

第 132 关　剪纸盒 ·······························071

第 133 关　四阶魔方 ···························072

第 134 关　叠放的布 ···························072

第 135 关　余下的一个是谁 ···················073

第 136 关　数正方形 ···························073

第 137 关　谁不合群 ···························074

第 138 关　猜点数 ·······························074

第 139 关　填方格 ·······························075

第 140 关　数三角形 ···························075

第 141 关　画图案 ·······························076

第 142 关　有趣的类比 ·······················076

第 143 关　多少个等边三角形 ···············077

第 144 关　大圆和小圆 ·······················077

第 145 关　该填什么图案 ·····················078

第 146 关　星星的个数 ·······················078

第 147 关　图形的组成 ·······················079

第 148 关　填入图形 ···························079

第 149 关　数图形 ·······························080

第 150 关　多少个矩形 ·····················080

第 151 关　哪个圆圈大 ·····················081

第 152 关　找不同 ·························081

第 153 关　特殊的图 ·······················082

第 154 关　保持平衡 ·······················082

第 155 关　失踪的字母 ·····················083

第 156 关　判断图形 ·······················083

第 157 关　规律图形 ·······················084

第 158 关　识别图形 ·······················084

第 159 关　巧填数字 ·······················085

第 160 关　空白方框 ·······················085

第 161 关　面积比 ·························086

第 162 关　画出正方形 ·····················086

第 163 关　上下颠倒 ·······················087

第 164 关　一分为四 ·······················087

第 165 关　找不同 ·························088

第 166 关　如何拼正方形颁奖台 ···············088

第 167 关　数长方形 ·······················089

第 168 关　有几种走法 ·····················089

第169关 图形整队 ·······························090

第170关 倒金字塔 ·······························090

第171关 变水杯 ································091

第172关 推断图案 ·······························091

第173关 斐波纳奇数列 ··························092

第174关 棋子互调 ·······························092

第175关 平房变楼房 ····························093

第176关 开连环铁链 ····························093

第177关 不可能搭成的桥 ·······················094

第178关 分巧克力 ·······························094

第179关 一笔画成 ·······························095

第180关 折一折 ································095

答案 ··096

越玩越聪明的 *180个*空间思维游戏

第1关 图形接龙

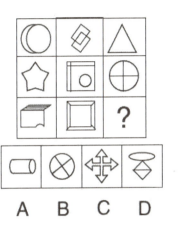

A B C D

第2关 选出下一个图形

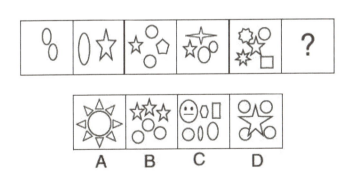

A   B   C   D

第**3**关 巧分挂表

图中有 10 只挂表，请你利用三条直线将方框分成五块，并且每一块都有两只挂表。

第**4**关 找规律，选图形

按图形变换的规律选出正确选项。

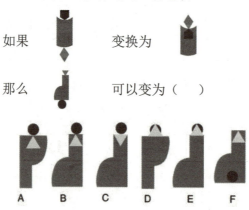

第**5**关 图形接龙

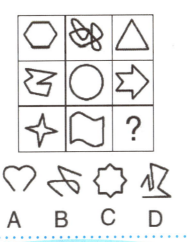

A　B　C　D

第**6**关 找不同

请找出图形中与众不同的那一个。

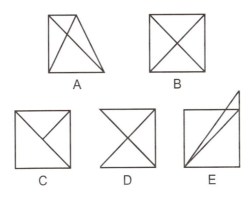

空间思维游戏

第**7**关 选图形

这一序列缺少了哪一部分？

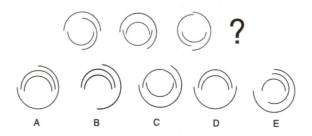

A　　　B　　　C　　　D　　　E

空间思维游戏

第**8**关 符号序列

缺失的符号是哪个？

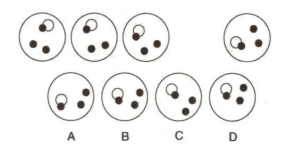

A　　　B　　　C　　　D

第**9**关 图形分类

哪一个选项是这一序列中缺少的部分？

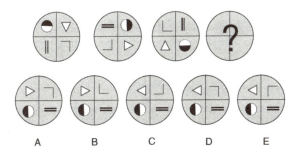

第**10**关 适合的图形

A~E 五个盒子中，哪个盒子展开后能形成上面的图形？

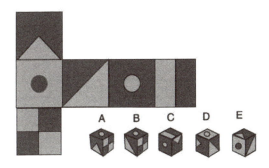

第11关 找规律，选择合适的图案

在下面的几个选项中，哪一项可以延续左边的图案序列？

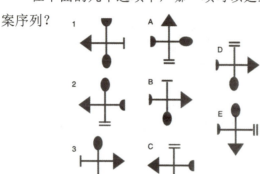

第12关 平面拼合

上边的四个图形可以拼成下边的哪个形状的图形（主要指外部结构）？

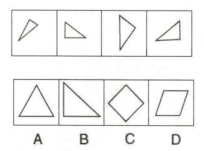

A　　B　　C　　D

第**13**关 不相称的图

图中的哪一幅图与其他的图不相称。

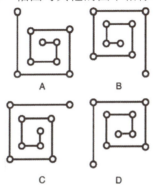

第**14**关 找不对称图形

对称有上下对称、左右对称和旋转对称。

在下面四组图中，有一组与其他三组都不对称，请找出不对称的那一组。

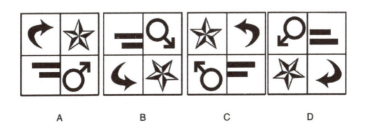

第15关 图形填空

请仔细观察下面的图形，寻找其中的规律，然后找出 A、B、C、D、E、F 中哪一个适合下图中的"？"处。

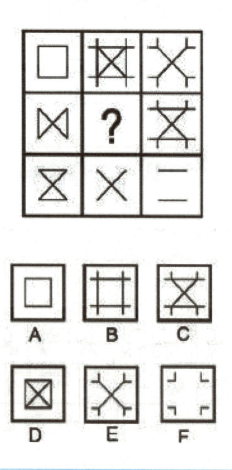

第16关 奇异金字塔

　　仔细观察下图中由六边形组成的金字塔图案，寻找其中的规律。然后从左下侧的 A~E 中选择符合规律的六边形图案放在金字塔顶部的"？"处。

　　请问，应该选择哪一个图案呢？

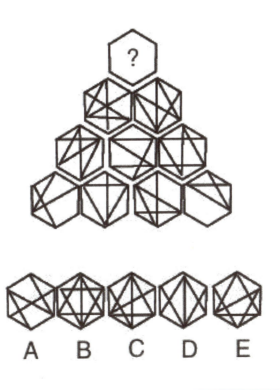

第17关 金字塔之巅

观察金字塔，塔顶应填入的图形是哪一个？

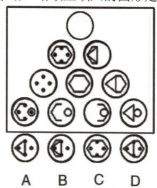

A　　B　　C　　D

第18关 金字塔的推理

观察金字塔，下列图形中可以代替问号的是哪一项？

A　　B　　C　　D　　E

第**19**关 图形延续

下列选项中哪一项是上面序列的延续？

Ⓕ	┘	///			P	⚠
P	⚠	Ⓕ	┘		///	
///			P	⚠	Ⓕ	┘
┘		///			P	⚠	Ⓕ

A	Ⓕ	┘		///		P	⚠
B	⚠		Ⓕ	┘		///	P
C	Ⓕ	┘			///		P

第**20**关 方格涂色

下面是一个 7×7 的正方形，内有 49 个方格，至少要涂多少个方格，才能使其中每个 4×4 的正方形内正好都有五个涂色方格？

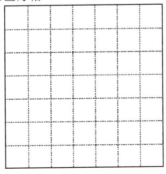

第21关 涂色游戏

格内有三种表情图，共 15 个。请用涂深、涂浅和留白三种方法，将图形分成形状相同的五份，每份上要有三种不同的表情图。

第22关 巧选图形

请仔细观察下面第一排的图形变化，找出其中的规律。

请问，按此规律变化产生的图形序列的下一个，是图形 A、B、C、D、E 之中的哪一个？

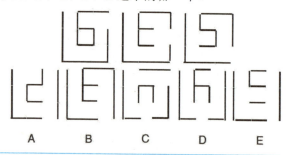

A   B   C   D   E

第**23**关 选出合适的图形

根据图 1、图 2 这两幅图案间的关系，找出 A、B、C、D、E 中适合图 3 的一幅。

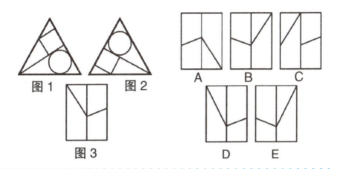

第**24**关 点线组合

下图中的图 1 到图 4 是按照一定规律排列起来的，从 A、B、C、D、E 中挑出一幅，使它也能符合这一规律。

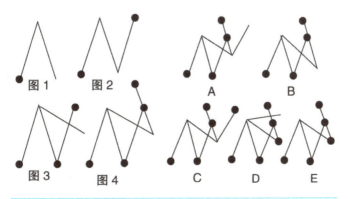

第 **25** 关 正方形的规律

　　仔细观察下面第一排的三个正方形，寻找其中的规律。然后根据规律从第二排和第三排的A~F中进行选择，看哪一个适合作为下一个图形。

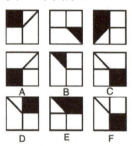

第 **26** 关 巧分三星

　　请把这个图形划分成形状相同、面积相等的三份，每份上要有一颗星。

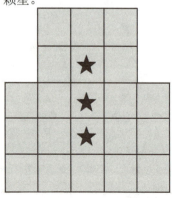

第27关 等分图形

　　沿着线条把这个模版分成四部分，使每一部分都包括一个三角形和一颗星。每一部分的形状和大小必须相同。你能做到吗？

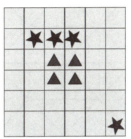

第28关 心中有数

　　图中方框内缺少一个3×3正方形，而在方框周围有四个3×3正方形，请从这四个正方形中选择一个填入方框中的空白处，使得形成的5×5方阵图形具有一定的规律。

　　试试看，你能选出来吗？

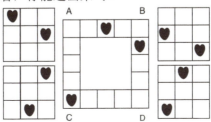

第29关 复杂的图形

请你数一数在下面这个复杂的图形中有多少个正方形？有多少个三角形？

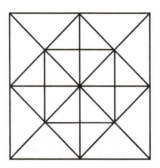

第30关 两个正方形

如果在一张如图所示的十字形的纸上沿直线切割两次，你能把切割好的纸片重新排列一下，使之组成两个正方形吗？

第31关 对应的图

如果A对应B，那么C对应D、E、F、G中的哪个图？

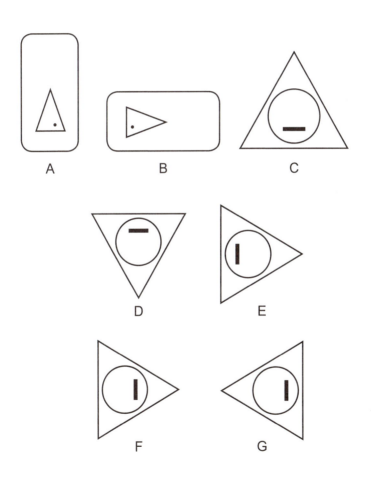

空间思维游戏

第**32**关 巧切蛋糕

第一次呈直线的切割可以把一个很薄的蛋糕切成两块，第二次可以切成四块，第三次可以切成七块。

那么，经过六次这样的切蛋糕，你最多可以把蛋糕切成多少块？

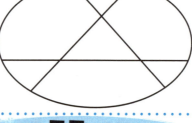

空间思维游戏

第**33**关 填图形

你能找出图中所示的排列规律，并画出问号处应当填入的图形吗？

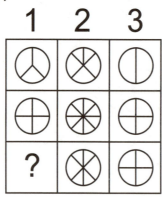

第**34**关 巧摆圆形

有 10 个圆形，要求每条直线上有四个圆形，你能排出来吗？

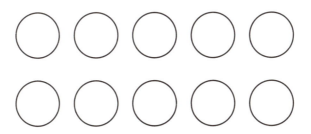

第**35**关 分蛋糕

有七个朋友给佳佳过生日，他们带来了一个圆形的生日蛋糕。他们想切三刀来分蛋糕，每人都分得大小相等的一块。你知道怎么分吗？

第36关 吃豆子

大嘴巴只可以上下、左右移动，将每个格子内的豆子吃掉，最后回到原点，路线不能重复，应该怎么走？

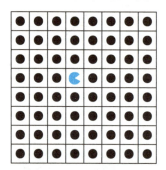

第37关 巧填数字

你能将 1~8 这几个数字填入图中所示的八角格中，使相邻两数之间无法连接吗？

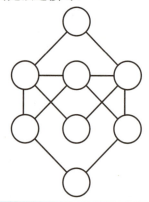

第**38**关 魔术方阵

我们将 1~9 排成一个横向、纵向、斜向相加之和都为 15 的数字方阵。现在，请你找出九个不同的自然数，排成一个横向、纵向、斜向相加之和都为 18 的数字方阵。

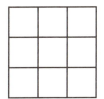

2	7	6
9	5	1
4	3	8

第**39**关 圆形的直径

如图所示，A 点是圆心，长方形的一个顶点 C 点在圆上。AB 的延长线与圆相交于 E 点。已知 BE=3 厘米，BD=6.5 厘米，求圆的直径。

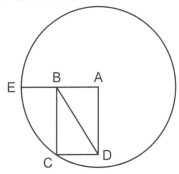

第**40**关 谁先到达

　　A 点到 B 点中间隔着一个小花坛，花坛的两边有两条小路。汤姆和杰瑞同时从 A 点出发，汤姆从左侧小路走，杰瑞从右侧小路走，相同的速度下，谁先到达 B 点？

第**41**关 分房子

　　有一个财主有 16 间房子，他决定自己留一间，其余的分成形状相同，面积相等的五份，留给自己的儿子。你知道应该怎么分配吗？

	财主		

第**42**关 填入数字

如图所示，你知道问号处应该填入什么数字吗？

A	B	C	D	E
6	2	0	4	6
7	2	1	6	8
5	4	2	3	7
8	2	?	7	?

第**43**关 画掉字母O

纵横都为六个格的网格中有 36 个字母 O，你能不能画掉 12 个字母，使得留下的字母在每行、每列的数目相等？

O	O	O	O	O	O
O	O	O	O	O	O
O	O	O	O	O	O
O	O	O	O	O	O
O	O	O	O	O	O
O	O	O	O	O	O

第44关 巧分"工"字

图中所示的"工"字是由面积相等的小方块组成的，怎样把它分成四个面积和形状都相等的图形呢？

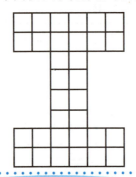

第45关 分土地

两头牛要耕种一块田地，要求每种颜色的土地各耕一半。

请你画一笔，把它们要耕种的田地分开。

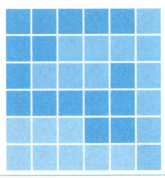

第**46**关 变三角形

你能在如图所示的图形上加一条线，使其变成两个三角形吗？

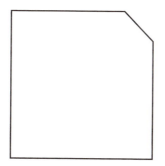

第**47**关 该涂哪四个

如图所示是由 10 个方框组成的一个大三角形。现在请你把其中的四个方框涂色，使得没涂色的方框不能构成等边三角形。你知道怎么涂吗？

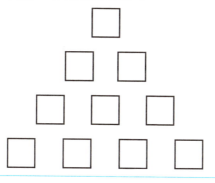

空间思维游戏 第 **48** 关 放棋子

如图所示，图中已经有两个棋子摆好了位置，请你摆其他的棋子，使得每行、每列、对角线的棋子不要超过两颗。请你试一试。

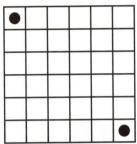

空间思维游戏 第 **49** 关 拼一拼

请你将图中所示的四块图形拼成字母"T"，试试吧。

第 **50** 关 锯立方体

有一个木匠用锯子把一个边长为 30 厘米的立方体锯成 27 个小立方体。一般情况下，需要锯六次。请问，锯少于六次能不能做到？

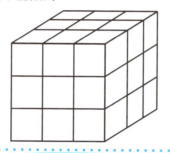

第 **51** 关 48 变 50

矿泉水公司最初设计的纸箱可以每排放八瓶矿泉水，共放六排，一箱可以放 48 瓶。现在，觉得 48 瓶不好计算，想改成每箱装 50 瓶。还用原有的纸箱可以改装 50 瓶矿泉水吗？

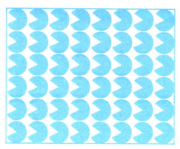

空间思维游戏 **第52关** 寻宝

在表格的每行、每列都隐藏着宝藏，其数量就是表格边的数字。箭头的方向藏有宝藏，数量可能不止一个。你能标出藏有宝藏的方格吗？

	1	1	1	3	1	2	1	3
1	→		↓					
3		→						
1				→				
1	↑		↗	→				
1	↗				↓			
2			↖					←
3	→				↗			
1				→	↗			

第53关 裁缝

要把如图所示的这块布裁成大小、形状都相同的五块，应该怎么做？

第54关 最好的类比

图中所示的 A 和 B 是对应的图，按照规律，a、b、c、d、e 中哪个与 C 对应？

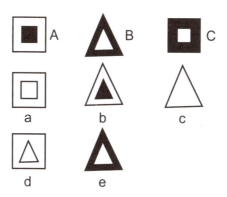

空间思维游戏 第 **55** 关 按规律填图

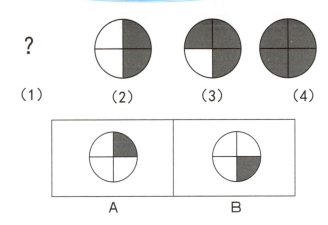

A   B

空间思维游戏 第 **56** 关 按规律填图

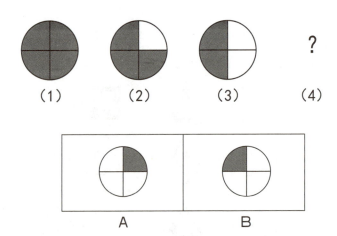

A   B

第57关 哪个不一样

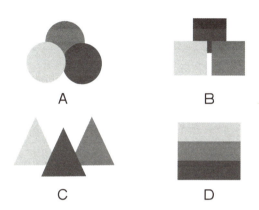

A

B

C

D

第58关 找规律

A~F 六个图形中，哪个能延续这个图形序列？

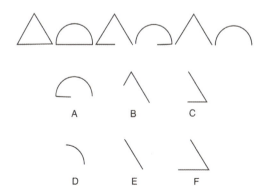

A

B

C

D

E

F

第**59**关 下一个图形

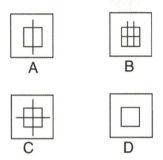

A   B

C   D

第**60**关 找图形

1. 图中有多少个三角形?

2. 图中有多少个长方形?

3. 你能够找到多少个六边形?

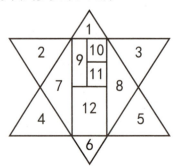

第 **61** 关 下一个图形

A　　　　　　B

C　　　　　　D

第 **62** 关 图形接龙

A　　B　　C　　D

第**63**关 填入符号

如图所示，将符号○、△、× 填入 25 个空格中，每格 1 个。那么，其中标有"？"的格子应该填入什么符号？

○	×	△	○	○
△	×	△	×	×
×	○	○	△	△
○	△	×	○	○
？	×	○	△	×

第**64**关 与众不同的一个

下面四个图形中，请找出与众不同的那个。

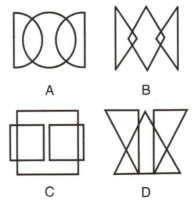

A   B

C   D

第65关 图形接龙

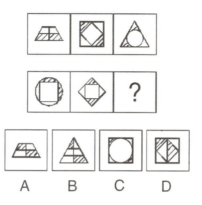

A   B   C   D

第66关 找出同类图形

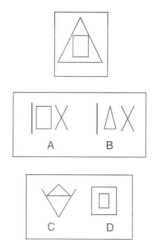

第**67**关 选出下一个图形

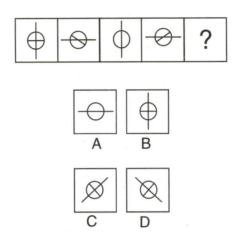

第**68**关 填补空白

A~D 中，哪一块图案适合填在空白处？

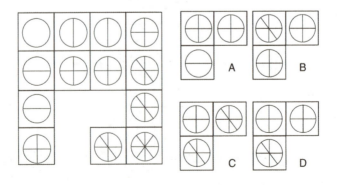

第69关 黑白格

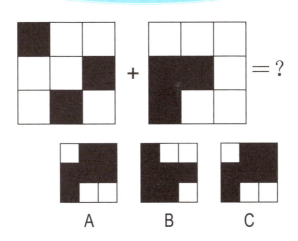

A   B   C

第70关 黑白格

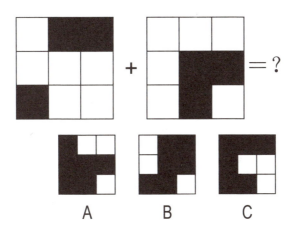

A   B   C

空间思维游戏

第71关 数三角形

下图中，一共有多少个三角形呢？

空间思维

第72关 相反的一面

请问下面 A~D 中的哪个图与给定的图正好左右相反？

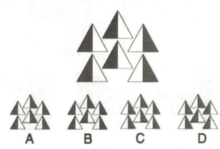

第**73**关 三色连线

请你用线将相同的颜色连起来。要求线与线之间不能交叉。

第**74**关 看图片找规律

上下翻转下图中的条状框，请问最少需要颠倒几条才可以使每一横行都与其他行含有完全相同的图案？

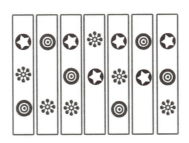

空间思维游戏
第**75**关 图形变化

哪个选项是这一序列中缺少的？

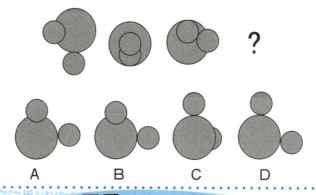

A   B   C   D

空间思维游戏
第**76**关 右下角是什么图

寻找下图中的规律，然后找出下图右下角的"？"处应该配上哪一个图形？

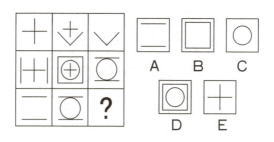

第77关 图形匹配

根据图1、图2这两幅图案间的关系，找出A、B、C、D、E中适合图3的一幅。

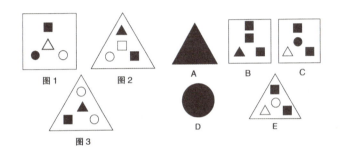

图1　图2　A　B　C

图3　D　E

第78关 图形规律

仔细观察下面方格图形的每一横排和每一竖排，寻找其中的规律，然后按照这一规律，从下列A、B、C、D、E、F图中找出合适的图形填入下面图形中的空白方格。请问应该选择哪一个图形？

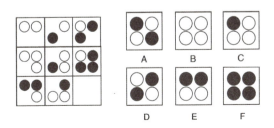

A　B　C

D　E　F

第79关 最大面积

图中的六个图形，哪个阴影面积最大？

第80关 穿过花心的圆

请看下面的图，有一个圆刚好通过一个黑色花瓣、一个灰色花瓣和一个白色花瓣的中心。请问，依据这样的条件可以画出多少个圆？

第**81**关 字母窗口

问号处应为什么字母？

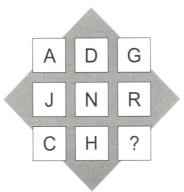

第**82**关 数字和字母

你能找出正方形中字母和数字之间的联系，并用一个数字来替换图中的问号吗？

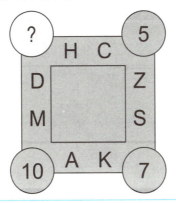

第**83**关 字母填空

问号处应填什么字母？

第**84**关 找规律填字母

哪个字母能填在问号处？

第**85**关 字母向心力

问号处应为什么字母？

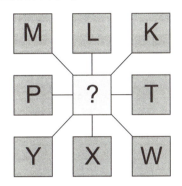

第**86**关 按规则填字母

请将 A、B、C、D 分别填在空格里，要求无论横行、竖行还是斜行都要有这四个字母，且不重复。

空间思维游戏 **第87关** "Z"的颜色

　　方格中写完了 26 个英文字母中的前 25 个。请细观察图中的字母颜色规律，想想如果再写出字母 Z 时，Z 应该是写成黑色还是白色？

空间思维游戏 **第88关** 破解字母密码

　　问号处应为什么字母？

第89关 字母等式

请破解图上各等式的规律，算出"？"处应填的正确数值。

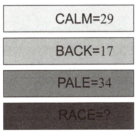

CALM=29

BACK=17

PALE=34

RACE=?

第90关 字母填空

请破解字母排列的规律，在"？"处填上正确的字母。

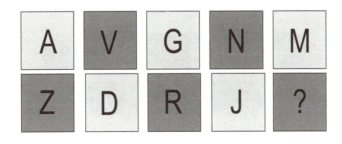

空间思维游戏

第91关 多余的字母

每个圆圈里都有一个字母是多余的，你知道是哪一个吗？

A   B

空间思维游戏

第92关 哪一个是特殊的

哪一个字母组合是特殊的？

第93关 字母的规律

下列字母按我们惯常熟悉的顺序排列，请找出内在规律，指出下一个字母该是什么？

O、T、T、F、F、S、S、E

第94关 缺少的字母

看看，六角星中少了什么字母？

空间思维游戏

第95关 字母通道

问号处应为什么字母？

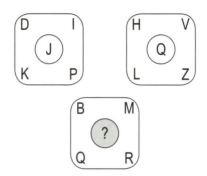

空间思维游戏

第96关 找规律填字母

填什么字母能延续这个序列？

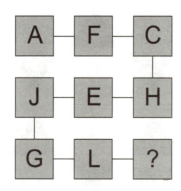

第97关 看图片找规律

哪个字母能填在问号处完成谜题？

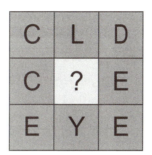

第98关 找规律

在最后的五角星中填充适当的字母。

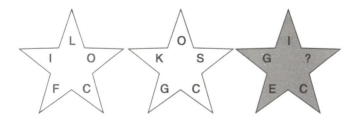

第99关 分割正方形

将一个正方形在角上切去 1/4，所剩下的图形能分割成恒等的四块，如图左所示。把一个等边三角形的顶上切去 1/4，剩下来的图形也能分割成恒等的四块，如图中所示。

图右所示是一个正方形，可不可能分割成五个恒等的图形呢？

第100关 妙用量具

如图所示，有一个容量为 2 升的正方形量具。现在要求使用这个量具准确地量出 1 升的水来。该怎样度量呢？

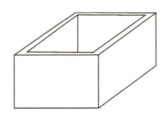

第**101**关 胶滚滚涂图案

用下图甲的胶滚沿着从左到右的方向将图案滚涂到墙上，右边所给的四个图案符合胶滚滚涂图案的是哪一个？

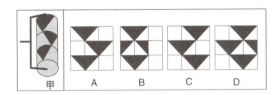

第**102**关 三视图

选择正确的立体图形三视图。

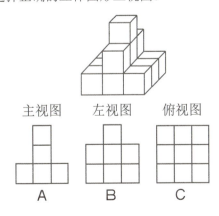

第**103**关 三视图

选择正确的立体图形的三视图。

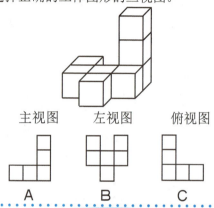

主视图　　　左视图　　　俯视图

A　　　　　B　　　　　C

第**104**关 包装盒

A～D四个立方体中，哪一个和上面的一模一样？

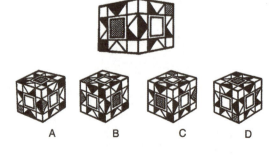

A　　　B　　　C　　　D

第105关 数立方体

图中有多少个小立方体?

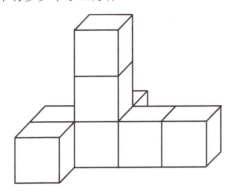

第106关 数立方体

图中有多少个小立方体?

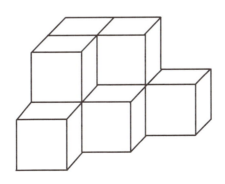

第107关 魔法变数

在不能折叠的前提下，仅用一根线，将下图的罗马数字"IX"变成"6"。请问要怎么做？

第108关 七巧板

下面这两个图形都是由七巧板拼成的，只是左边的那个图形比右边的多出一块来，这么看似乎是不合理的，不过它们确实是由同一组七巧板拼成的，你能做到吗？

第109关 找出对应纸盒

下面四个所给的选项中，哪一选项的盒子不能由左边给定的图形做成？

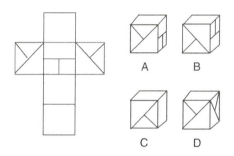

第110关 钥匙和房间

有三兄弟分别住在三个互不相通的房间，每个房间门的锁上都有两把钥匙。

请问，如何安排房间的钥匙才能保证小明三兄弟随时都能进入每个房间？

第111关 木棍构图

如图所示，用八根木棍组成两个正方形，其中一个正方形的边长为8厘米；另一个正方形的边长为4厘米。现在要求打乱这个正方形，重新用八根木棍正好构成三个面积相等的正方形。

请问，应该怎么摆放？

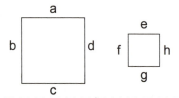

第112关 改错

5+5 怎么会等于 5 呢？知错就要改。移动其中的三根火柴，就能将它改正确。你不妨试试看？

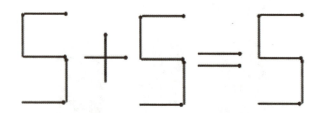

第**113**关 不同形状的立方体

　　每一种物体从不同的角度都呈现不同的形状。图中的十个由立方体组成的形状中，三种形状出现了两次，一种形状出现了三次，一种形状出现了一次。你能找出这几种不同的形状吗？

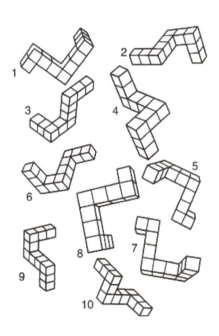

第114关 切正方形

一个正方形的桌面有四个角，切去一个角，还剩几个角？（有三种切法哦）

第115关 不同的图形

下面七个图形中，有一个和其他六个不同。是哪一个呢？为什么？

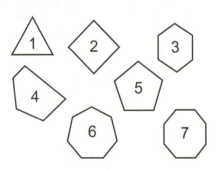

第116关 不同的正方形组合

请仔细观察下面的五个图，然后找出这些图形中与众不同的那一个图形。

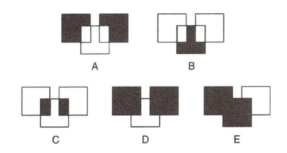

第117关 硬币

如图所示，用八枚硬币组成一个L图形。

请问如何能在只移动一枚硬币的情况下，使这个图形竖行与横行的硬币数均为五枚？

第118关 单摆

一个制作精良的单摆可以精确计时，可以测量引力，也可以感知相对运动。

将两个摆长相等，但摆球质量不同的单摆同时释放，其中将较重的那个摆球从较高的高度释放。哪个先摆过一周？

第119关 最小距离

想在三个村庄之间用最经济的方法建立起连接它们的公路。你能找到一种一般化的方法吗？

为了把这个问题弄得更清楚，请观察下面的两个三角形，如何在三角形中找到一个点，使它到三个顶点的距离之和最小？

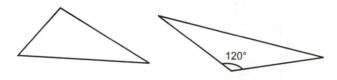

120°

第**120**关 停车

有一个如图所示形状的车库，在这样的状况下，下面的车1、2、3、4（分别停在I、J、K、L上）要和上面的车5、6、7、8（分别停在A、B、C、D上）正好互换位置，最少要移动多少次？

需要说明的是，一个框子里只能装下一台车，所谓下面的车和上面的车"正好互换位置"，指的是1与5、2与6、3与7、4与8互换。

5 A	6 B	7 C	8 D
	E		
	F	G	
	H		
1 I	2 J	3 K	4 L

第121关 大脑网络

人的大脑细胞的总数超过 300 亿个，这些脑细胞构成的网络比全世界的电话网络的联系还要复杂。

如图所示，从起点到终点共有多少种不同的路径？

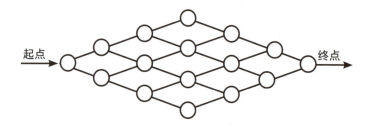

你只能从左到右，不能倒退，即到达一个节点，或者朝上前进，或者朝下前进。

第**122**关 魔术方阵

如图所示，有一个魔术方阵，其纵向、横向、斜向相加之和，均等于 15。现在要求做一个纵向、横向、斜向相加之和均等于 16 的魔术方阵，而且方阵中的数字也全不相同。

应该怎样设计呢？

2	7	6
9	5	1
4	3	8

第**123**关 奇妙的方阵

下面一个 4×4 方阵，我们称它为完全四次方阵。因为它除了每行、每列和每条对角线上四个数之和都等于 34 外，还有一些奇妙的性质。仔细观察一下，你发现了什么？

8	11	14	1
13	2	7	12
3	16	9	6
10	5	4	15

第124关 猜字游戏

下图是由 18 根火柴拼成的六个"三"，但如果在每个"三"字上添上 3 根火柴，它就会变成六个汉字。试试吧！

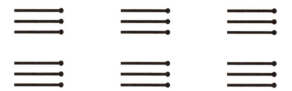

第125关 精明的将军

在古代的一次保卫战中，一位将军带领 360 个将士守护一座城池。这位将军将 360 个将士分派在四面城墙上，并使四周敌人都能看到每边城墙上有 100 个将士守卫。战斗异常激烈，守城将士不断阵亡，兵员逐渐减少至 340、320、300、280、260、240、220。但在这位将军的巧妙安排下，每边城墙上的守卫将士始终都能让敌人看到有 100 名。敌人以为是天帮神助，便惊慌地后撤了。

请问，这位将军是怎样巧妙安排的呢？

第**126**关 翻杯子

在桌子上放三只杯子，如图所示。你的目标是要让全部三只杯子口朝上放着，要求只能翻三次且每次同时翻两只杯子。

现在，仍按上面的方法，让我们试一试能不能将桌子上的六只杯子全部口朝上？或口朝下呢？

第 **127** 关 变化的火柴

用 18 根火柴组成九个全等的三角形，如果分别拿掉 1、2……5 根，就会依次变成 8、7……4 个全等的三角形。开动你的大脑，发挥你的想象，你肯定能做到！

第 **128** 关 镜子的转动

把图中 10 面双面镜旋转 90 度，你就能从右上角的观察孔中看到左下角的灯泡。你知道应该转动哪 10 面镜子吗？

第129关 兔子的胡萝卜

在一个表格里有几只兔子，每只兔子都有一个专属于自己的胡萝卜，这个胡萝卜可能紧邻在兔子的四周，但不可能出现在兔子的对角线相邻位置。同时，两个胡萝卜也不能相邻，也就是说，它们彼此之间不能"接触"。位于每行和每列的胡萝卜数目已经标示在表格旁了，到底兔子们的食物在哪里？

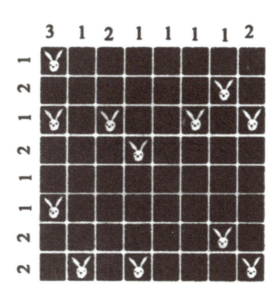

第130关 巧拼桌子

有如图的三组木板，要分别把它们拼装成最简单形状的桌面，请问应该怎样设计拼装为好？

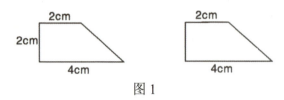

图 1

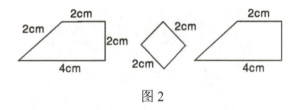

图 2

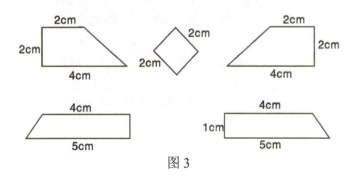

图 3

第131关 对角线的长度

按照图中给定的尺寸，看你最快能用多长时间算出从 A 角到 B 角的长方形对角线的长度？（每小格为 1 厘米）

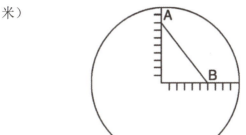

第132关 剪纸盒

某公司运来了一批没有盖子的立方体纸盒，他们都是由图案不同的四个侧面和一个底面组成的，而且是同样大小。由于仓库的容量有限，这批空盒子很占地方，于是老板决定把他们沿着某几条棱剪开，展成可以平铺但仍连成一片的纸板，以节约堆放的空间。于是老板找来工人，让他们尽快完成这个工作。

没过多久，工人们就把工作完成了，可老板发现他们剪成的纸板堆放在一起很不整齐，仔细一看原来纸板展开的样式不同。

请问，你知道纸盒能剪成多少个不同的样式吗？

第133关 四阶魔方

将从1到16的数字填入下图中的16个方格内，使得每一行、每一列以及两条对角线上的和相等，且和为34。

第134关 叠放的布

有大小相同的六块正方形的布叠放在一起后如图所示。请问，这些布由里至外是依照什么顺序叠放的呢？

A. 3 → 1 → 5 → 4 → 2 → 6

B. 4 → 1 → 3 → 5 → 2 → 6

C. 1 → 3 → 4 → 5 → 6 → 2

D. 1 → 3 → 4 → 5 → 2 → 6

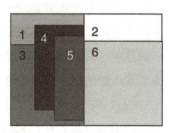

空间思维游戏

第135关 余下的一个是谁

下列五个图形中，有四个图形两两对应，那么，余下的一个图形是 A、B、C、D、E 中的哪一个？

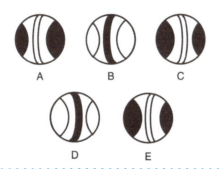

空间思维游戏

第136关 数正方形

下图是一组重叠在一起的正方形，你能以最快的速度数出一共有多少个正方形吗？

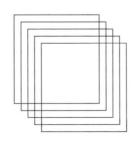

第137关 谁不合群

A、B、C、D 这四幅图中，有一个是不合群的，你能不能通过观察找出不合群的那一个？

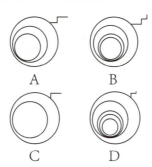

第138关 猜点数

下面有四个骰子，仔细观察它们，看看能不能猜出问号处的点数。

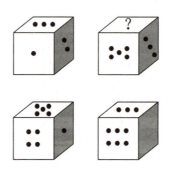

第 **139** 关 填方格

仔细看下表，试着将其填写完整。

第 **140** 关 数三角形

请你快速数出这幅图中有多少个三角形。

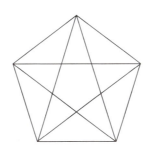

第141关 画图案

每个方格中都有一个图案，请你根据已画出的六个图案的变化规律画出其他三个图案。

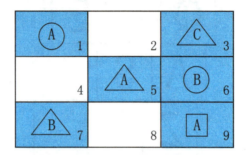

第142关 有趣的类比

如果图1所示阴影部分代表4，图2所示阴影部分代表6，那么，图3所示阴影部分代表几？

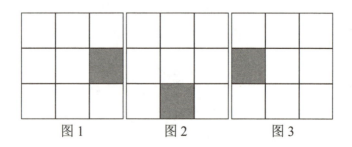

图1　　　　图2　　　　图3

第143关 多少个等边三角形

下面的图形中到底有多少个大小不同的等边三角形？

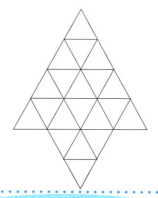

第144关 大圆和小圆

观察大圆和小圆的变化规律，请在空白处画出正确的图形。

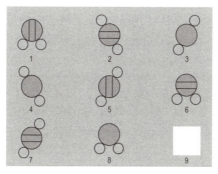

空间思维游戏 **第145关** 该填什么图案

请问第三块正方形的右下角应该填什么图案？

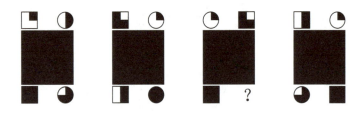

空间思维游戏 **第146关** 星星的个数

数学课上，老师举起手中的一张薄木板，同学们看见这张薄木板上画了五颗星星；老师把木板放在桌子上后再拿起，这次同学们看到木板上画了六颗星星。那么，这张木板上到底有多少颗星星呢？

第 **147** 关 图形的组成

A、B、C、D 四个图形分别是由上面 1 ～ 4 中的某几个图形组成的。请你说出 A、B、C、D 四个图形分别是由哪几个图形组成的。

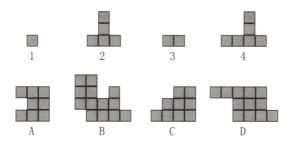

第 **148** 关 填入图形

请根据规律推断问号部分应当填入的图形。

◎	●	◆	◎
●	◎	●	◆
◆	?	◆	●
◎	◆	●	◎

第 **149** 关 数图形

下面是一个由许多小正方形组成的图形，上面有两个圆圈。请问，含有圆圈的正方形一共有几个？（不论正方形的大小）

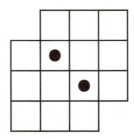

第 **150** 关 多少个矩形

你能从下图中找出多少个矩形吗？

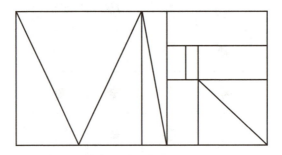

第**151**关 哪个圆圈大

比较下面的两幅图片，判断它们中间的圆圈哪个更大一些？

第**152**关 找不同

下面哪幅图不同于其他四幅图？

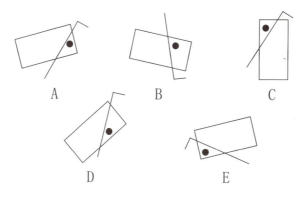

空间思维挑战

第153关 特殊的图

你能找出下图中与其他四幅图不同的一幅吗？

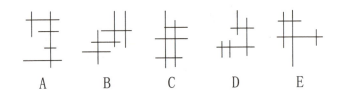

A   B   C   D   E

空间思维挑战

第154关 保持平衡

根据规律，找出可以使第三个天平保持平衡的图形。

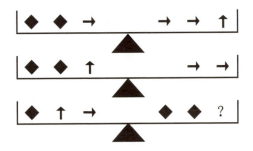

第155关 失踪的字母

观察这幅图形，图中有五个字母，但是有一个字母失踪了（问号处）。请问，你能不能快速找出是哪一个字母失踪了？

L N Q U ?

第156关 判断图形

仔细观察下面四幅图形，依据图形规律，选出适合的第五幅图形。

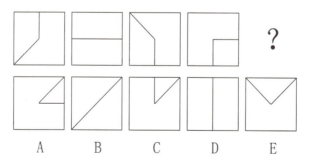

A   B   C   D   E

第157关 规律图形

根据图形的变化，找出第五个方格中的图形。

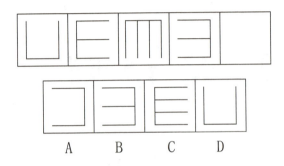

A   B   C   D

第158关 识别图形

如图所示，根据图形的序列的规律，问号处应该是
什么图形呢？

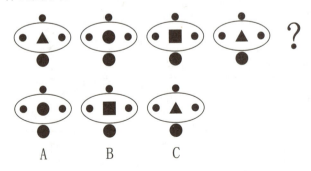

A   B   C

第**159**关 巧填数字

下图中每行数字的规律相同，那么哪个数字能代替问号完成谜题？

4	1	11	11	3
3	3	1	6	5
9	2	9	4	2
6	4	8	9	3
5	1	?	1	4

第**160**关 空白方框

空白方框处应该填A、B、C、D、E中的哪一个？

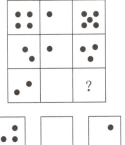

第161关 面积比

在一个正三角形中内接一个圆，圆内又内接一个正三角形。请问，外面的大三角形和里面的小三角形的面积比是多少？

第162关 画出正方形

如图所示，25 个点整齐排列，连接其中的一些点可以画出正方形。那么，到底能够画出多少个面积不等的正方形呢？

第163关 上下颠倒

由10个圆圈排成一个三角形，你能否只移动其中的三个，就让这个三角形上下颠倒呢？

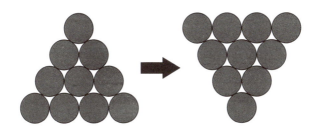

第164关 一分为四

把一个长方形分为完全一样的四个图表，你能分出四种以上的图案吗？

空间思维游戏 第165关 找不同

仔细观察，在以下四幅图中，哪幅图与其他三幅图不同？

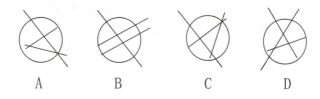

A   B   C   D

空间思维游戏 第166关 如何拼正方形颁奖台

学校的操场上有一个很大的颁奖台，颁奖台左右两边的台阶是对称的，其平面图如图所示。如果用一刀将平面图分开成两块，这两块可以把这个颁奖台的平面图拼成一个正方形。那么，你知道该如何分开这个平面图吗？

第167关 数长方形

请数一数下图中一共有多少个长方形。

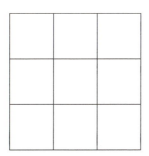

第168关 有几种走法

下图是一个4×4的方格，如果要从甲地走到乙地，要求每个方格都要走到，并且不能重复，也不能斜走，你能想到几种走法？

第169关 图形整队

有些方格里的图案不见了，请你根据排列规律，在空白处画出正确的图案。

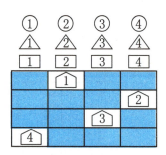

第170关 倒金字塔

观察下面的倒金字塔，指出问号所代表的数字。

```
1   9   4   8   3   7   2   6   5
    5   6   2   7   3   8   4
        4   3   7   6   5
            5   6   4
                ?
```

第**171**关 变水杯

图中有三个水杯，你能在图中添加一笔，使图中共有五个水杯吗？

第**172**关 推断图案

序列图的下一幅图案是A、B、C、D、E中的哪一个？

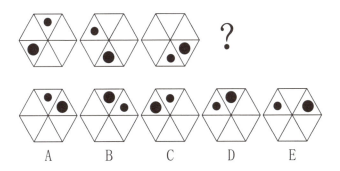

空间思维游戏

第 173 关 斐波纳奇数列

这个序列是著名的斐波纳奇数列的开头部分。13
世纪，意大利数学家列昂纳多·斐波纳奇发现了斐波纳奇
数列。大自然中到处都存在这个数列。雏菊、向日葵以
及鹦鹉螺的生长模式都遵循由该数列描绘的螺线。观察
下边的这个数列，你能填入下一个数字吗？

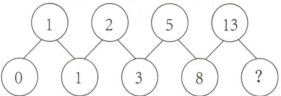

空间思维游戏

第 174 关 棋子互调

下面六个方格中放着五枚棋子，现在要将兵和卒的
位置对调。不准把棋子拿起来，只能把棋子推到相邻的
空格里，要推动几次才能达到目的？

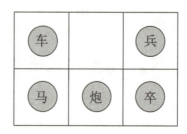

第**175**关 平房变楼房

你能不能不用任何绘画工具，将下图的一间平房变成两层高的数房？

第**176**关 开连环铁链

前四段由三个环连接而成的铁链，要设法将它们连成一个铁链圈，至少要开几个环？

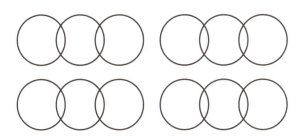

空间思维

第 **177** 关 不可能搭成的桥

如图所示中的桥，如果有正确的方法，那么就可能搭成这座看似不可能搭成的桥。

你能否用积木搭出这样的桥？

空间思维

第 **178** 关 分巧克力

甲得到了一大块巧克力，这块巧克力由三个方块组成（如图所示）。现在，甲想将其平均分成八份。请问，应该怎样分呢？

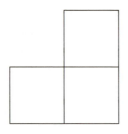

第 **179** 关 一笔画成

在不能重复的情况下，你能一笔把下面的图形画出来吗？

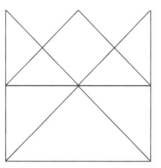

第 **180** 关 折一折

下面的图形哪个不能折成立方体？

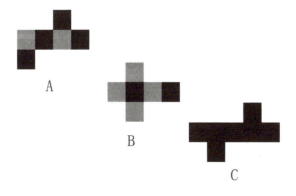

A

B

C

第1关 图形接龙

C。

主图每行的直线和曲线图形的分布为：曲、直、直；直、曲、曲。

C是直线图形，可使第三行的结构为：曲、直、直，使每行组合构成循环规律。

第2关 选出下一个图形

C。

所给图形的组成元素的种数分别是1、2、3、4、5，呈等差数列。故选C。

第3关 巧分挂表

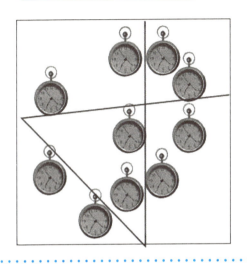

第4关 找规律，选图形

B。

圆形移到最上端，三角形掉进最大的图形内部，且上下倒置。

第 5 关 图形接龙

C。

图中全部是封闭图形。

第 6 关 找不同

D。

此图由五条线构成，其余由六条线构成。

第 7 关 选图形

A。

线条顺时针旋转。

第8关 符号序列

B。

里面的图形每次按逆时针方向转 30 度。

第9关 图形分类

E。

每个图形每次顺时针旋转一格。

第10关 适合的图形

E。

第 11 关 找规律，选择合适的图案

D。

图 1 和图 3 的图形上下、左右颠倒，需要选择和图 2 图形上下、左右颠倒的图形。

答
案

第 12 关 平面拼合

B。

第一幅图左上和第三幅图右下有一条共同的直线，拼合在一起。第一幅图右下和第四幅图左上有一条共同的直线，拼合在一起。第四幅图右侧和第二幅图左侧有一条共同的直线，拼合在一起，由此可得 B 项。

第 13 关 不相称的图

D。

因为 A、B、C 三个图形都是由顺时针折线组成的，而 D 则是由逆时针折线组成的。

第 14 关 找不对称图形

B。

把 ABCD 重新排列一下就可以清楚地看出来。

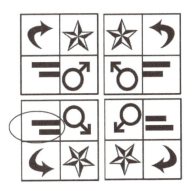

第15关 图形填空

B。

按从左至右和从上至下的顺序，每横排与每竖排前两块图形的相同部分不在第三块中出现。

第16关 奇异金字塔

E。

每个六边形内的图案是由它下面两个六边形内的图案叠加而成，但重叠的线条不在叠加后的图形中出现。

第 17 关 金字塔之巅

D。

由观察可知，每一行相邻的两个图形圆内的部分去掉相同的部分，留下不同的部分，成为上一行的图形。按照该规律，正确的是 D。

第 18 关 金字塔的推理

E。

每个图形都和它下面的两个图形有联系。在每个图形上面不会出现相同的图形，图形是按下列规则产生的：

因此，一定会等于一个与其他任何图形完全不同的图形，在所给的选项中，只能是。

第 19 关 图形延续

B。

从题干可得出的规律是：第二行与第一行比，第三行与第二行比，第四行与第三行比，每个符号均向右移动两个格、三个格、两个格。依此规律，正确选项为 B。

第 20 关 方格涂色

至少要涂九个方格才能使每个 4×4 的正方形内都有五个涂色方格，如图所示。

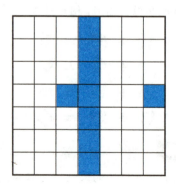

第 21 关 涂色游戏

有一个或两个图形不涂色（即白色）即可满足要求。

 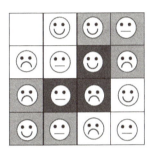

第 22 关 巧选图形

B。

规律是外圈有两个缺口。

答
案

第 23 关 选出合适的图形

A。

图 1 和图 2 其实是相同的图形，只是旋转了一个角度而已，图 1 先以右顶点镜面翻转，再以左顶点镜面翻转。图 3 和图 A 相同。

第 24 关 点线组合

D。

规律是：每幅图都在前一幅图的基础上增加一个带黑点的 V 形，新增 V 形的一条边与前一个 V 形不带黑点的边重叠，且新增 V 形所带黑点在 V 形的起首和末端交替放置。

第 25 关 正方形的规律

C。

正方形每一次按顺时针方向转动 90 度，阴影所在部分也随之按顺时针方向转 90 度，并且阴影每次前移一个图形。

第 26 关 巧分三星

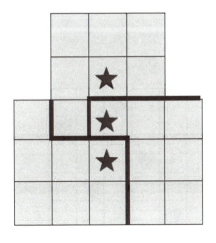

第 27 关 等分图形

第 28 关 心中有数

B。

填入方框后，5×5 方阵中，每一行和每一列及对角线上都只出现一个红心。

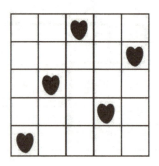

第 29 关 复杂的图形

有 15 个正方形，有 72 个三角形。

第 30 关 两个正方形

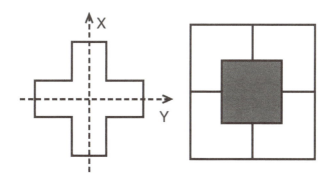

第 31 关 对应的图

C。

C 对应与 E。将 C 顺时针旋转 90 度。

第 32 关 巧切蛋糕

22 块。

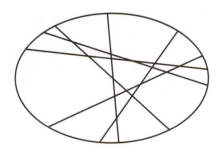

第 33 关 填图形

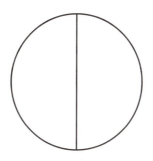

第一列图形被分成的块数加上第三列图形被分成的块数等于第二列图形被分成的块数。

第 34 关 巧摆圆形

答案不唯一。

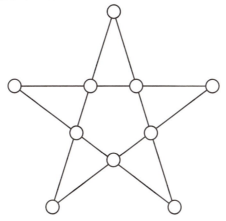

第 35 关 分蛋糕

　　七个朋友加上过生日的人，一共八个人。先从蛋糕的上面以"十"字形切两刀，把蛋糕平均分成四块，然后再从蛋糕的侧面横切，这样就可以把蛋糕分成相等的八块了。

第 36 关 吃豆子

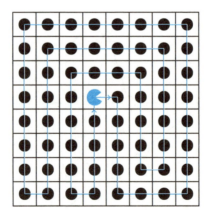

第37关 巧填数字

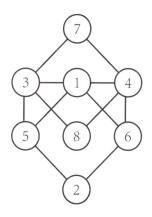

第38关 魔术方阵

在原方阵中各数加1就可以了。题目并没有要求必须是1~9九个数字。

3	8	7
10	6	2
5	4	9

第 39 关 圆形的直径

13 厘米。

线段 BD=AC=6.5（厘米），AC 即是圆形的半径，所以直径就是 2×6.5=13（厘米）。

第 40 关 谁先到达

同时到达。

第41关 分房子

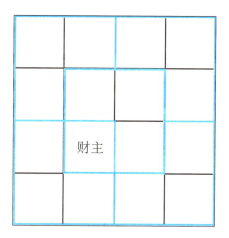

财主

第42关 填入数字

C 列填 1，E 列填 9。

规律是：B+D=E；E-A=C。

第 43 关 画掉字母 O

O		O	O	O	
		O	O	O	O
O	O	O			O
O	O		O		O
O	O			O	O
	O	O	O	O	

答案

第 44 关 巧分"工"字

答案不唯一。

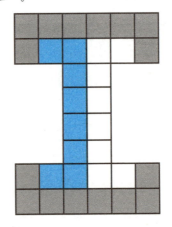

第 45 关 分土地

答案不唯一。

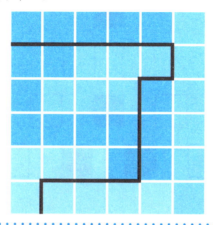

第 46 关 变三角形

加一条粗粗的线条，将右上方的斜面抹平，即可得到两个三角形。

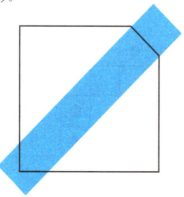

第47关 该涂哪四个

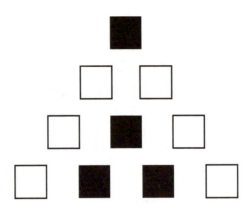

第48关 放棋子

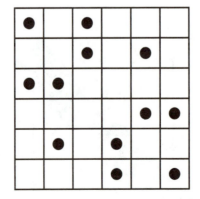

第 49 关 拼一拼

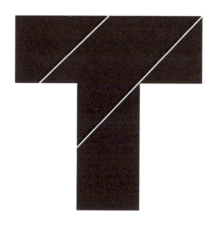

第 50 关 锯立方体

不能做到。

　　最终被锯成的 27 个小立方体中，最中心的那个小立方体要产生六个新截面，而锯一次不能给同一个小立方体留下两个或以上的截面。所以，仅最中心的小立方体就一定要锯六次。

第 51 关 48 变 50

可以放。

原来的瓶子是按照四边形的排法放置的，而现在可以按照六角形的排法来放置，就可以大大地节省空间。

第 52 关 寻宝

	1	1	1	3	1	2	1	3
1	→		↓			◆		
3	◆	→		◆			◆	
1				→				◆
1	↑		↗	→				◆
1	↗	◆			↓			
2			↖	◆	◆			←
3	→		◆	◆	↗	◆		
1				→	↗			◆

第 53 关 裁缝

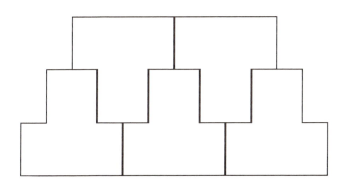

答
案

第 54 关 最好的类比

b。

A 与 B 之间是正方形对三角形，并且颜色相反。同理，与 C 对应的是 b。

第 55 关 按规律填图

B。

观察已知图形，得出规律为每次逆时针增加 1/4 图形的阴影面积。起始为右下处。

第 56 关 按规律填图

B。

观察已知图形，得出规律为每次顺时针减少 1/4 图形的阴影面积。终止为左上处。

第57关 哪个不一样

D。

A、B、C中图形都有重叠部分，只有D中图形没有重叠。

第58关 找规律

B。

变化顺序为三角形—半圆形—三角形，所以，答案排除A和D。

两种图形分别变化，每次比前一次消失一部分。故选B。

答案

第 59 关 下一个图形

C。

这是道要求按自然数列排列题干中各图形短线"出头"数目的题。经简单计算可知，现有的五个图形短线出头数目依次是 0、1、2、3、5，缺少 4。故只有 C 选项符合要求。

第 60 关 找图形

1.14 个。（1、2、3、4、5、6、7、8、2+7、4+7、3+8、5+8、1+4+5+7+8+9+10+11+12、2+3+6+7+8+9+10+11+12）

2.7 个。（9、10、11、12、10+11、9+10+11、9+10+11+12）

3.2个。（分别由1、6、9、10、11、12和7、8、9、10、11、12组成。）

第 61 关 下一个图形

A。

前四个图形中的黑色方块依次顺时针移动二、三、四格得到下一个图形。依此规律，所求图形应由第四个图形顺时针移动五格。故选 A。

第 62 关 图形接龙

C。

每组中前两个图形是直线图形，第三个是曲线图形。

答案

第 63 关 填入符号

应该填入△。

其排列规律是从中心向外，按照〇、△、× 的次序逆时针旋转着填充。

第 64 关 与众不同的一个

C。

其他三个图形中，中间的大图形可以由两部分小图形拼合而成。

第 65 关 图形接龙

C。

观察图形，每个图形中都有两部分阴影，并且这两部分的面积相等。答案中，只有 C 符合这一特征。

第 66 关 找出同类图形

A。

原图由一个三角形和一个四边形组成。四个选项中只有 A 项能还原成原图形。

第 67 关 选出下一个图形

B。

所给图形中，长线段依次呈顺时针 90° 旋转，短线段依次呈顺时针 45° 旋转，满足条件的只有 B。

第 68 关 填补空白

D。

观察题目得出规律，图形中，每行每列先增加一条线，保持不变一次，然后再增加另外一条线。D选项符合。

第 69 关 黑白格

B。

原理是"异黑同白"。

第 70 关 黑白格

B。

原理是"异黑同白"。

第 71 关 数三角形

28 个三角形。

第 72 关 相反的一面

A 图与给定的图左右相反。

注意看题目，并不是每个三角形左右相反。

第 73 关 三色连线

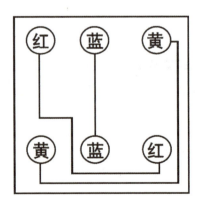

第 74 关 看图片找规律

三条。

翻转第一条、第三条和第六条。

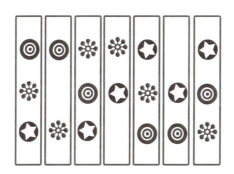

第 75 关 图形变化

D。

它的规律是，左边的小圆逐渐右移，底端的小圆逐渐上移。

第 76 关　右下角是什么图

C。

它的规律是，每一横排中央的图形去掉它左边的图形，就变成它右边的图形。

第 77 关　图形匹配

A。

中间图形变成了外部图形。

第 78 关　图形规律

A。

每一横行的第三格是前两格的叠加。叠加规则是：一个白圈或一个黑圈保留不变；两格黑圈叠加变白圈；两个白圈叠加变黑圈。

第 79 关　最大面积

图 5 的阴影面积大。

其余的面积相等，都占五个格的面积，而图 5 中的阴影占 5.5 个格的面积。

第 80 关 穿过花心的圆

8 个。

从图中可知，没有三个花瓣在一条直线上，所以，任意选取一个黑花瓣、一个灰花瓣和一个白花瓣，其三个中心可以构成一个三角形，必然可以画出一个圆经过三角形的三个顶点，所以，总共可以有 $2 \times 2 \times 2 = 8$（个）圆。

第 81 关 字母窗口

M。

观察字母的间隔规律：第一行间隔两个字母，第二行间隔三个字母，第三行间隔四个字母。

第 82 关 数字和字母

9。

从 H 开始，按顺时针方向用第一个字母在 26 个英文字母表中的位次数，减去第二个字母在字母表中的位次数，得数即为下一角的数字。

所以，M（13）－ D（4）＝ 9。

第 83 关 字母填空

L。

各字母的数值均为它在字母表中的倒序数，如 A ＝ 26，B ＝ 25；第一行的字母 ＋ 第三行的字母 ＝ 第二行的字母。

所以 P（11）＋ W（4）＝ L（15）。

第84关 找规律填字母

H。

从 AA 开始，先沿左边向下，每个字母的位置号加 2 即为下一个字母的位置号；从 AA 开始，沿右边向下，每个字母的位置号减 3，即为下一个字母的位置号。

K（11）－3＝8，即填入字母为 H。

第85关 字母向心力

L。

用字母在 26 个英文字母表中的位次数代替字母。相互连接的三个数，边上两个的和除 3 得中间数字代表的字母。即［M（13）＋W（23）］÷3＝ L（12）或［L（12）＋X（24）］÷3＝ L（12）。

第86关 按规则填字母

A	C	D	B
D	B	A	C
B	D	C	A
C	A	B	D

第87关 "Z"的颜色

字母 Z 应该是白色的。

因为所有的白色字母都可以一笔写完，而黑色字母就不能一笔写完了。

第88关 破解字母密码

V。

按照字母间隔的规律顺序。间隔三个字母—间隔两个字母—间隔三个字母—间隔两个字母。

第89关 字母等式

27。

每个字母在字母表中的位次数相加而得。

第90关 字母填空

J。

上下两行字母包含了两个交叉序列：A—D—G—J—M，在字母表中依次前进三个位置；Z—V—R—N—J，在字母表中依次后退四个位置。

第91关 多余的字母

A中为 S，B中为 Q。

字母按次序依次增加，且间隔两个字母。

第 92 关 哪一个是特殊的

ＡＣＥＦ组合。

其他字母间的规律是：第一个字母跳过一个为第二个字母，第二个字母跳过一个为第三个字母，第三个字母跳过一个为第四个字母。

第 93 关 字母的规律

Ｎ。

这列数字是按英文数字 1 ～ 9 的头一个字母排列的，则下一个是 N，即 Nine。

第 94 关 缺少的字母

F。

C、B、M 的正数序之和为 18，O、D、F 的正数序之和为 25，二者之差为 7。

第 95 关 字母通道

J。

图形中间字母在字母表中的位置位于两对对角线的中间位置。

第 96 关 找规律填字母

Ⅰ。

字母之间的关系是：按字母表顺序，先向前移动五个字母，再退回三个字母，反复进行。

第 97 关 看图片找规律

O。

每行中心字母的位置号是左右两字母位置号的乘积。

如：C（3）×D（4）＝L（12）；

C（3）×E（5）＝O（15）。

第 98 关 找规律

K。

每个图形中，字母按照字母表顺序顺时针方向移动，由左至右，第一个图形中字母每次分别前移三位、第二个移四位，第三个移两位。

第 99 关 分割正方形

可以。

此题实际上非常简单。

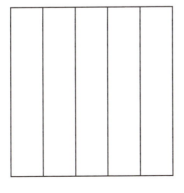

第100关 妙用量具

如图所示，把量具倾斜，或者使量具的两个顶角与另两个底角处于同一个水平面上。此时所度量的水的体积正好是1升。

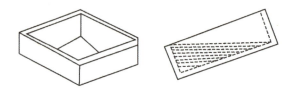

答案

第101关 胶滚滚涂图案

C。

根据胶滚上的三个三角形的分布状况可以知道，胶滚从左往右滚，最先接触到墙壁的是中间的三角形，当中间的三角形的对称轴接触到墙面时，其他两个三角形同时开始接触墙面。所以，选择C。

第 102 关 三视图

A、B、C。

三个视角的图形都是正确的。

第 103 关 三视图

A。

B 是俯视图，C 是左视图。

第 104 关 包装盒

B。

只要观察一面即可。可观察上面立方体的左侧面。

第105关 数立方体

8个。

别忘了稍远处的那个。

第106关 数立方体

9个。

上、下两层都要数。

第107关 魔法变数

用线摆一个字母"S"，将"IX"变为SIX（英文的"6"）。

第 108 关 七巧板

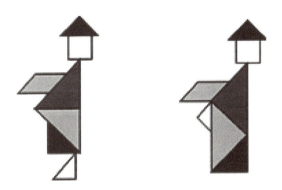

第 109 关 找出对应纸盒

D。

由左边图形可以看到，带对角线的两个面是相对面，不可能相邻，因此 D 项不符合要求。

答案

第110关 钥匙和房间

三兄弟分别拿一个房间的钥匙，再把剩下的钥匙这样安排：1号房内挂2号房的钥匙，2号房内挂3号房的钥匙，3号房内挂1号房的钥匙。这样，无论谁先到家，都能凭着自己掌握的一把钥匙进入三个房间。

第111关 木棍构图

如图所示。将a、b、c、d四个木棍交叉。

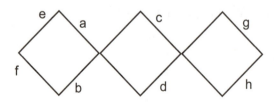

第112关 改错

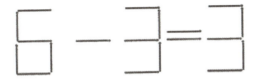

第113关 不同形状的立方体

出现两次的是1-8、4-10和5-7；出现三次的是2-3-9；6出现一次。

第 114 关 切正方形

第一种切法，得到五个角。

第二种切法，切线通过另一个角，得到四个角。

第三种切法，切线通过另外两个角，得到三个角。

第 115 关 不同的图形

标号为 4 的图形。

它是唯一一个不是正多边形的图形。

第116关 不同的正方形组合

E。

这五个图形中只有它左右颜色不对称。

答
案

. . . .

第117关 硬币

将 L 图形竖行最上端的那枚硬币移放到 L 图形竖行与横行交点的那枚硬币上（用黑点表示），即可达到要求。

○

○

○

● ○ ○ ○

第118关 单摆

同时摆过。

两个摆的周期完全相同。单摆的摆动周期仅仅取决于其摆长。无论摆动幅度有多大，周期都是一样的。

第119关 最小距离

无论三个村庄在什么位置，都可以把它们看作三角形的三个顶点，要求找到与三个顶点距离和最短的那个点。

在三角形的三个角都小于120度时，只要在三角形中找一点，其到任意两顶点的连线的夹角都是120度，如图所示。

对于有一个角大于120度的三角形，最短路径经过构成这个角的顶点。

第120关 停车

最少需要移动43次。

1. 6 → G	2. 2 → B	3. 1 → E	4. 3 → H
5. 4 → 1	6. 3 → L	7. 6 → K	8. 4 → G
9. 1 → 1	10. 2 → J	11. 5 → H	12. 4 → A
13. 7 → F	14. 8 → E	15. 4 → D	16. 8 → C
17. 7 → A	18. 8 → G	19. 5 → C	20. 2 → B
21. 1 → E	22. 8 → 1	23. 1 → G	24. 2 → J
25. 7 → H	26. 1 → A	27. 7 → G	28. 2 → B
29. 6 → E	30. 3 → H	31. 8 → L	32. 3 → I
33. 3 → K	34. 3 → G	35. 6 → 1	36. 2 → J
37. 5 → H	38. 3 → C	39. 5 → G	40. 2 → B
41. 6 → E	42. 5 → 1	43. 6 → J	

答案

第121关 大脑网络

你可以采取如下所示方法进行思考和分析。

在每个圆圈内写上一个数字，这个数字表示到达这个圆圈所有可能的路径数目。左边起点的圆圈内的数字是1。不难理解，其他的每个圆圈内的数字，等于其左侧与它直接相连的圆圈内的数字之和。这样就可以在每个圆圈内填上确定的数字。

例如，每个填写有数字1的圆圈的左侧都只与唯一的一个圆圈直接相连，该圆圈内的数字是1；填有数字2的圆圈的左侧与两个圆圈直接相连，这两个圆圈内的数字分别都是1。这样，作为终点的最右侧圆圈内的数字就是20。这说明共有20种不同的路径。

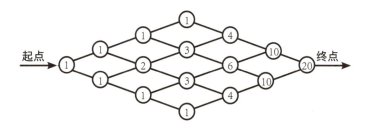

第122关 魔术方阵

因为并没有要求填入的是整数，所以，如图所示，只在原方阵中各格数字后再添加 1/3 即可。

$2\frac{1}{3}$	$7\frac{1}{3}$	$6\frac{1}{3}$
$9\frac{1}{3}$	$5\frac{1}{3}$	$1\frac{1}{3}$
$4\frac{1}{3}$	$3\frac{1}{3}$	$8\frac{1}{3}$

第123关 奇妙的方阵

①如下图所示的对角线上4个数的和也等于34，如下图，8+5+9+12=11+13+4+6=14+2+3+15=34。

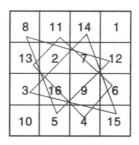

答
案

②从图中任意取出 $2×2$ 的小正方形，它们 4 个数的和也是 34。如：

8	11
13	2

2	7
16	9

9	16
4	15

③从图中任意取出 $3×3$ 的小正方形，它的 4 个角上 4 个数的和也等于 34。如：

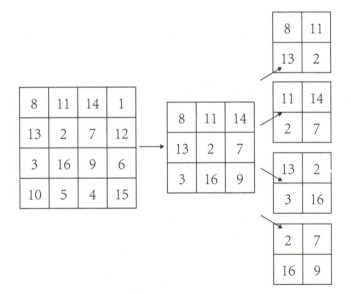

第124关 猜字游戏

第125关 精明的将军

如图所示。

360：

340：

320：

300：

280：

260：

240：

220：

第126关 翻杯子

　　无论怎么试都不会成功。那是因为一次翻两只杯子将使口朝上的杯子数目增减2或0。第一步时口朝上的杯子数目是1，所以加上2就变成3。第二次一开始口朝上的杯子数目是0，每次翻两只杯子使口朝上的杯子数在0和2之间变化，但你永远无法让三只杯子口都朝上。换句话说，第一次口朝上的杯子数是奇数，而第二次口朝上的杯子数是偶数。无论哪种情况，一次翻两只杯子都不会改变奇偶性。

　　同样，六只杯子也如此，一开始奇偶性为奇，偶数不会改变奇偶性。所以，口都朝上和口都朝下的结局也是不可能的。

第127关 变化的火柴

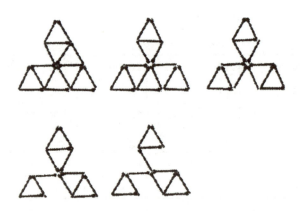

第 128 关 镜子的转动

这里给出了一种方法。

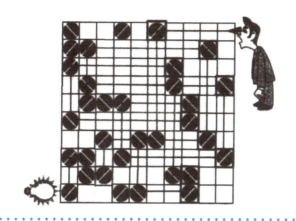

第 129 关 兔子的胡萝卜

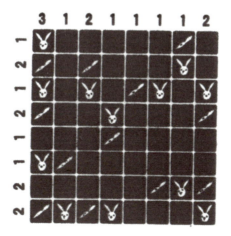

第130关 巧拼桌子

拼装如图所示。

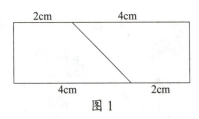

图 1

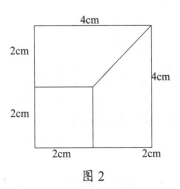

图 2

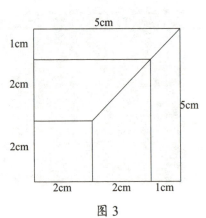

图 3

第131关 对角线的长度

画出长方形的另一条对角线，你立即会看出它是圆的半径。长方形的两条对角线总是相等的，因此从 A 角到 B 角的对角线长度等于圆的半径，为 10 厘米。

第132关 剪纸盒

可以剪成八种不同的样式。

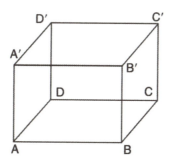

如图，设这个没有盖子的立方体纸盒为 ABCD-A'B'C'D'，其中各侧面 ABB'A'、BCC'B'、CDD'C'、DAA'D'

分别简记为Ⅰ、Ⅱ、Ⅲ、Ⅳ，底面 ABCD 则简记为底。

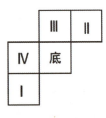

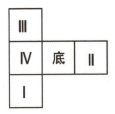

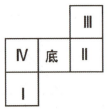

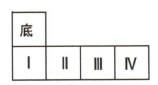

第133关 四阶魔方络

解法很多，例举其中一种。

16	5	2	11
3	10	13	8
9	4	7	14
6	15	12	1

答
案

第134关 叠放的布

正确的顺序是D，即 1 → 3 → 4 → 5 → 2 → 6。

第 135 关 余下的一个是谁

E。

A 是 C 的映像，B 是 D 的映像，剩下的是 E。

第 136 关 数正方形

29 个。

第 137 关 谁不合群

D。

仔细观察会发现只有 D 的台阶数少于圆圈数。

第 138 关 猜点数

问号处是 6 点。

答

案

第 139 关 填方格

这是电脑键盘最左边的字母的排列顺序。

第 140 关 数三角形

36 个。

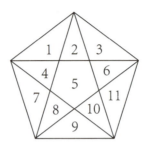

1、2、3、4、5、6、7、8、9、10、11，计 11 个。

1+2、2+3、1+4、4+7、7+8、8+9、9+10、10+11、6+11、3+6，计 10 个。

1+2+3、1+4+7、7+8+9、9+10+11、3+6+11、4+5+6、2+5+8、2+5+10、4+5+10、5+6+8，计 10 个。

1+2+4+5+6、2+3+5+6+8、4+5+6+10+11、2+5+8+9+10、4+5+6+7+8，计 5 个。

共有 11+10+10+5=36 个三角形。

第 141 关 画图案

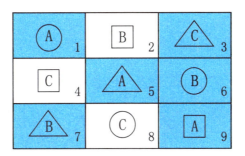

观察后发现，横排、竖列都有 A、B、C 和三个形状，需填入缺少的字母和形状。

第 142 关 有趣的类比

8。

图中的方格被编以 1 到 9 之间的号（如图所示），从左上角开始，先从左到右，再从右到左，最后又从左到右。

1	2	3
6	5	4
7	8	9

第 143 关 多少个等边三角形

35 个。

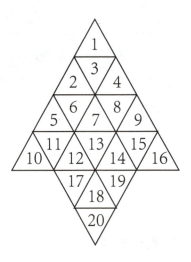

编号 1 ～ 20，计 20 个。

1+2+3+4、2+5+6+7、4+7+8+9、5+10+11+12、7+12+13+14、9+14+15+16、17+18+19+20、11+12+13+17、13+14+15+19、6+7+8+13，计 10 个。

1+2+3+4+5+6+7+8+9、2+5+6+7+10+11+12+13+14、4+7+8+9+12+13+14+15+16、11+12+13+14+15+16+17+18+19+20，计 4 个。

编号 1 ～ 16，组成一个大等边三角形。

共有 20+10+4+1 ＝ 35 个等边三角形。

第144关 大圆和小圆

观察发现，每行中心圆有三种不同的形态，边上的两个小圆也有三种不同的形态。

第145关 该填什么图案

每个方块各角圆形和方形都上下交替出现，且每个方块的小图形阴影部分都成1/4阴影、1/2阴影、3/4阴影、全阴影分布。

第 146 关 星星的个数

有 11 颗星星。五颗在木板的一面，六颗在木板的另一面。

第 147 关 图形的组成

A：1、2、3

B：2、3、4

C：1、3、4

D：1、2、4

第 148 关 填入图形

●。

以左上右下对角线的图形向右、向下对应发散。

第 149 关 数图形

9 个。

	1	2	3
4	5	6	7
8	9	10	11
12	13	14	

5、6，计 2 个。

1+2+5+6、4+5+8+9、5+6+9+10、6+7+10+11、9+10+13+14，计 5 个。

1+2+3+5+6+7+9+10+11、4+5+6+8+9+10+12+13+14，计 2 个。

共有 2+5+2 ＝ 9 个正方形。

第150关 多少个矩形

19个。

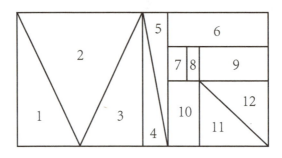

1～12组成一个。

6、7、8、9、10，计5个。

4+5、7+8、11+12，计3个。

1+2+3、7+8+9、7+8+10、9+11+12、10+11+12，计5个。

6+7+8+9、1+2+3+4+5、7+8+9+10+11+12、6+7+8+9+10+11+12、4+5+6+7+8+9+10+11+12，计5个。

共有1+5+3+5+5 ＝ 19个矩形。

答案

第 151 关 哪个圆圈大

两个圆圈一样大。

在看这两幅图片时，我们往往是通过它们周围的圆圈，来比较中间的圆圈的大小，所以会得到左边的那个图中的圆圈大的印象。这其实是一个视觉误差。

第 152 关 找不同

B。

在该项中，没有形成一个三角形。

第153关 特殊的图

B。

只有此图中的横、纵向线条数量相等。

第154关 保持平衡

放入一个四边形。

根据题目，可知：

$$2 ◆ + → = 2 → + ↑$$

所以，得出　　$2 ◆ = → + ↑$

第三个天平中，左边为◆ + ↑ + → = ◆ +2 ◆

右边已有 2 ◆，所以缺少的是◆。

第 155 关 失踪的字母

Z。

按照 26 个英文字母顺序，字母之间相继跳过 1、2、3、4 个字母。

第 156 关 判断图形

C。

第一幅图中，上面的线和下面的线分别逆时针旋转 90°和 135°，得到第二幅图，后面的图也依此规律旋转。

第157关 规律图形

D。

奇数格中左右对称，偶数格中上下对称。

- -

第158关 识别图形

A。

只有椭圆形中最中心的图形有变化，规律是▲—
●—■—▲，所以下一个中心图形是●。

第159关 巧填数字

7。

每行中间的数字等于左边两数字之差加上右边两数字之差。

即 $(5-1)+(4-1)=7$。

第160关 空白方框

E。

每行前两个方框中的圆点数相加，得到第三个方框中的圆点数；每列上两个方框中的圆点数相减，得到第三个方框中的圆点数。

第 161 关 面积比

4 ：1。

把小三角形颠倒过来，就能立刻看出大三角形面积是小三角形面积的 4 倍。

第 162 关 画出正方形

5 个。

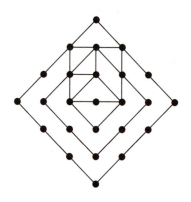

第 163 关　上下颠倒

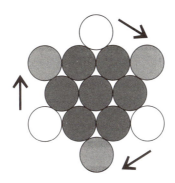

答
案

第 164 关　一分为四

举例：

第 165 关 找不同

B。

只有 B 没有形成三角形。

第 166 关 如何拼正方形颁奖台

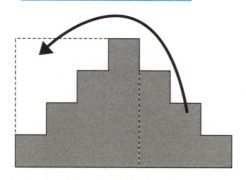

　　颁奖台平面图的边呈锯齿形，想拼成正方形，就要使锯齿边相互吻合。所以，可以从最上端阶梯右边的部分垂直剪下，再将右边的部分翻转一下，与左边的部分拼在一起就可以了。

第 167 关 数长方形

图中有 36 个长方形。

1	2	3
4	5	6
7	8	9

1+2、2+3、1+4、2+5、3+6、4+5、4+7、5+6、5+8、6+9、7+8、8+9，计 12 种。

1+2+3、4+5+6、7+8+9、1+4+7、2+5+8、3+6+9，计 6 种。

1+2+3+4+5+6、4+5+6+7+8+9、1+2+4+5+7+8、2+3+5+6+8+9，计 4 种。

1～9，9 个。

1+2+4+5、4+5+7+8、2+3+5+6、5+6+8+9、1+2+3+4+5+6+7+8+9，计 5 个。

共有 12+6+4+9+5 ＝ 36 个长方形。

第168关 有几种走法

走法不唯一。

其中的一种走法：

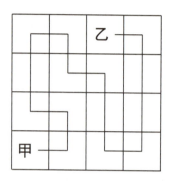

第169关 图形整队

每行、每列中都含有1、2、3、4这几个数字，且图案不重复。

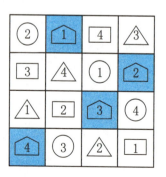

第 170 关 倒金字塔

5。

将上一行数列去掉最大和最小数，然后反向排列得下一列。其实无论倒数第二行的数如何排列，因为要去掉最大和最小的数，最后肯定剩下中间数5。

答
案

第 171 关 变水杯

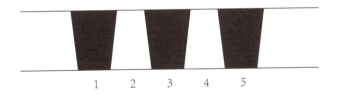

第 172 关　推断图案

A。

图形中的小圆点逆时针依次移动 1、2、3 个格子；大圆点逆时针移动 1 个格子。

第 173 关　斐波纳奇数列

接下去的数是 21。

后面一个数字是前面两个数字之和。

第174关 棋子互调

17次。

依次为：兵—卒—炮—兵—车—马—兵—炮—卒—车—炮—兵—马—炮—车—卒—兵。

1	2	3
4	5	6

1.兵—2	2.卒—3	3.炮—6
4.兵—5	5.车—2	6.马—1
7.兵—4	8.炮—5	9.卒—6
10.车—3	11.炮—2	12.兵—5
13.马—4	14.炮—1	15.车—2
16.卒—3	17.兵—6	

答案

第 175 关 平房变楼房

能。将书顺时针旋转 90°。

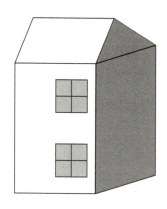

第 176 关 开连环铁链

三个环。

只要打开一条铁链，把该铁链三个铁环全打开，用其将其他的铁链首尾相接即可。

第177关 不可能搭成的桥

可以搭出。

只要在搭建开始时多放两块作桥墩，当搭好后桥的结构稳定了，这时就可以把多余的桥墩撤走了。

答

案

第178关 分巧克力

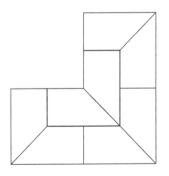

第 179 关 一笔画成

能。

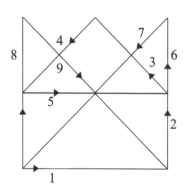

第 180 关 折一折

C。

立方体只有六个面。

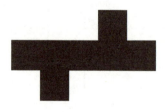